MAXIME **POISOT**
EMMANUELLE **TEYRAS**

Comment dégager l'ex de son mec

MARAbulles

SANDRA
MARION
LISA
Salut, chérie!

Se débarrasser de l'ex de son mec est parfois aussi difficile qu'éradiquer les blattes et les cafards. S'il suffisait de les asperger de produit, ça se saurait... depuis le temps que nos mecs ont des ex.
Si vous lisez ces lignes c'est que vous avez tout essayé pour vous débarrasser de l'ex de votre mec... sans succès. Les quarantaines successives sont restées sans effet et la mise à l'écart se révèle inopérante...
Il est temps d'envisager une solution radicale.

Il existe une multitude de possibilités pour arriver à vos fins.
Néanmoins, certaines solutions comportent un grand nombre de risques, quand elles ne sont pas tout simplement illégales. Afin d'éviter que le rêve libérateur ne tourne au cauchemar, ce guide propose de rationaliser votre approche avant de vous lancer dans ce fabuleux projet :

DÉGAGER DÉFINITIVEMENT L'EX DE VOTRE MEC.

Soyez honnête ! Vous n'en pouvez plus de l'ex de JULES.
Elle nuit à votre tranquillité, votre santé mentale,
votre couple... Elle est tout simplement nuisible,
il faut la dégager. Garder votre sang-froid, composer
ou prendre sur vous, est incompatible avec votre
épanouissement personnel. Malheureusement,
se débarrasser définitivement de l'ex de JULES n'est pas
simple et il convient de procéder avec méthode.
Nous sommes là pour ça !
D'abord, il est important d'identifier le type d'ex à
éradiquer, afin de choisir la stratégie la plus appropriée.
Ce guide vous propose un inventaire des profils d'ex
pour vous y retrouver.
À partir de l'identification initiale, nous vous aiderons
à évaluer les risques encourus si vous ne traitez pas
le problème.
Nous déterminerons ensemble
qui sont vos ennemis et qui sont vos alliés
selon la configuration où vous vous trouvez.
Enfin, nous vous indiquerons qui est la personne-ressource,
celle dont il faudra absolument se rapprocher pour mettre
en œuvre la bonne stratégie.

Nous nous réjouissons tellement du bonheur qui vous
attend, que nous ne voulons pas retarder davantage
le moment de déclencher votre libération, totale et
définitive, de l'ex de votre mec !

Allons-y !

Ah salut ! C'est toi l'ex de Jules ? Enchantée, alors...
Collez ici une photo de l'ex de votre mec

INVENTAIRE

« L'ex de mon mec » est une façon très synthétique de désigner clairement un problème (ou plus exactement une montagne de problèmes). Mais cela reste une formule générique. Les ex-de-nos-mecs se partagent en plusieurs catégories (comme les cafards se divisent en sous-espèces).

L'EX RIVALE

A.K.A. « Putana »

(REF Madonna, Vanessa Paradis, Médée, Joséphine de Beauharnais)

L'EX BOULET

dite « Boulette »

(REF Bertha Antoinetta Mason, première épouse de d'E. Rochester, le mec de Jane Eyre dans *Les Hauts de Hurlevent*, Valérie Trierweiler, Aliénor d'Aquitaine)

L'EX LÉGITIME

plus connue sous le doux nom de « Manman »

(REF Cécilia Sarkozy, Ségolène Royale)

L'EX HOMME...

que nous appellerons « la couille »

(REF Ross dans *Friends*)

(Fantômette)

L'EX DÉCÉDÉE

alias « Fantômette »

(REF Romy Schneider, Lady Di)

L'EX RIVALE

Véritables Lauriers de César

Elle est parfaite, belle, intelligente, drôle... Elle collectionne les superlatifs. Tout le monde l'adule et se demande par quel miracle vous avez pu lui succéder dans le cœur de Jules. C'est une rivale absolue : appelons-la Putana (ça ne lui fera pas de mal et ça vous fait du bien).

La problématique

Putana vous laisse la désagréable sensation d'être très ordinaire, si ce n'est franchement médiocre : vous vous sentez minable à côté d'elle. Quoi qu'elle fasse, Putana vous déprécie aux yeux de tous. Son aura a colonisé vos pensées et l'inconscient de votre entourage.

ELLE	Yoga	Retraite jeûn + silence	Elle distribue des couvertures aux S.D.F →	SUPER MEUF
VOUS	Piscine municipale	Déj entre copines (steak-frites)	Vous vous plaignez de la météo →	LOSE TOTALE

Les risques

Putana menace votre santé mentale. Vous êtes devenue parano à cause d'elle et vous prenez le chemin de la dépression. Si vous n'agissez pas, vous vous exposez à une kyrielle d'addictions allant du chocolat aux anxiolytiques en passant par les tocs conjuratoires, qui vont foutre en l'air votre couple.

Le premier réflexe : LA DÉGLINGUER

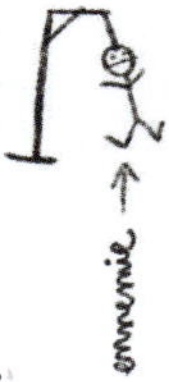

Cassage de gueule, pétage de dents, rumeurs crasseuses... votre imagination déborde de scénarios réjouissants et efficaces pour un déglingage de Putana.

Soudoyer son coiffeur

Lui préparer un bain d'acide

(et pour cela, obtenir les clés de chez elle en faisant amie-amie avec la concierge ...)

Intervertir son soin de nuit et sa crème dépilatoire

Entretenir à son sujet une rumeur médicale humiliante

L'effet boomerang : LA JUSTICE

À moins d'avoir un vrai bon dossier sur elle (ce qui est peu probable, convenons-en), toute atteinte à l'intégrité physique ou morale de Putana relève du Code pénal. Salir sa réputation, la calomnier, ça porte un nom devant le juge : la diffamation. Ces activités sont passibles de sanctions pénales allant de l'amende à la peine de prison. Même avec sursis, c'est pas la classe.

ÉTAT DES TROUPES

Dans la présente configuration (comme dans les suivantes) vous allez avoir besoin d'aide et de soutien. Pour savoir sur qui compter, nous allons vous aider à faire le point sur les forces en présence.

Face à Putana, toutes les personnes qui continuent de lui vouer une admiration plus ou moins assumée sont...

Vos ennemi.e.s

Jules (votre mec...)

Il prendra toujours mollement sa défense et la critiquera encore plus mollement.

Ludo, le meilleur ami de votre mec

Il n'en revient pas que son meilleur ami ait pécho une fille aussi extra (pas vous... Putana). Il n'en revient pas que Jules ait quitté une fille aussi extra. Mais la rupture ouvre le champ de ses possibles (illusoirement, bien sûr ; les hommes aiment croire qu'ils peuvent tout conquérir). Il est TOTALEMENT acquis à sa cause.

Votre banquier

Même s'il n'a rien à voir avec cette histoire, votre banquier ne comprendra JAMAIS vos pulsions d'achat compensatrices.

« Beau-Papa » ne se remet pas de la rupture survenue entre son fiston et Putana : un si bon parti pour son fils adoré… il y croyait pourtant ! Vous verrez néanmoins que votre nouveau beau-père s'avérera être un ennemi précieux. Patience !

Les copines de votre mec

(Nouvelles copines de Putana)

Cette bande de garces qui ne pouvaient pas blairer Putana a désormais changé de camp. La rupture a transformé leur jalousie en intérêt opportuniste : Putana est un véritable aspirateur à mecs. En plus, elles vous détestent car vous leur avez piqué Jules, qu'elles convoitent depuis le lycée.

Vos allié.e.s

Sont celles et ceux qui n'ont jamais pu blairer Putana et qui ont toujours suspecté une imposture (totale ou partielle), même si personne n'a encore osé s'aventurer sur ce terrain, à part, peut-être...

Vos parents

Papa et Maman pensent objectivement que vous êtes plus belle, plus intelligente... du moins aussi jolie et charmante que « cette fille un peu vulgaire » (sic). Ce n'est pas parce que ce sont vos parents mais il faut bien reconnaître qu'ils ont toujours fait preuve de tempérance et d'équité. Leur analyse est sûrement très juste. Putana est vulgaire.

Vos copines

Quand vous dites « Putana est moche, pas drôle et pas sympa »… elles vous approuvent unanimement. Sororité oblige ! Même dans le déni et la mauvaise foi, votre *girls crew* sera toujours de votre côté.

Votre ex ne s'est pas non plus remis de la rupture avec un si bon parti pour lui (pas Putana… vous !)… Vous ne le croyez pas une seconde quand il prétend s'être abonné à l'Instagram de Putana pour bitcher, mais c'est quand même grâce à lui que vous gardez un œil sur son actu sans la *stalker*.

Pitchounette vous écoute toujours avec une passion — et une patience — approbatrices qui font du bien à votre ego... même si vous la soupçonnez d'admirer secrètement Putana qui ressemble un peu à sa Barbie. Barbie Putana.

Avec tout ce que vous lui lâchez tous les mois en euros, il n'a pas trop le choix.

LA PERSONNE RESSOURCE

« Première femme de sa vie », votre belle-mère est l'éternelle « ex » envahissante de votre mec. Elle sera toujours celle à qui il demande son avis en priorité, aura toujours son mot à dire sur tout, de la déco de votre appart à l'éducation de SES petits-enfants.
Cette place en fait une alliée stratégique.

VOTRE BELLE-MÈRE
(la mère de Jules ! oui !)

Elle sait tout (Jules de A à Z)

Elle voit tout (même s'il a pris 500g.)

Elle a élevé Jules pour en faire ce beau jeune homme ♡

(l'aplomb, le savoir, la sagesse)

Elle a 60 ans d'expérience – qui feront toujours la différence

Et surtout : elle a toujours eu un peu de mal avec Putana la parfaite.

provisoirement

« L'ennemie de mon ennemie est mon amie »

S'allier à son ultime rivale est le meilleur moyen de se débarrasser des autres sans devoir les combattre. Votre belle-mère est mariée au plus transi et refoulé des amoureux de Putana, le père de votre mec. Son enthousiasme démonstratif agaçait passablement votre belle-mère, pour qui les minijupes et le décolleté spectaculaire de Putana n'étaient pas tant une marque d'épanouissement personnel que la preuve des combats perdus du MLF. Rapprochez-vous de cette femme qui connaît votre mec et ses petites faiblesses régressives mieux que quiconque !

Avec un peu de tact*, vous allez prendre le pouvoir absolu sur votre mec.

*Exemple :

LA PERSONNE RESSOURCE

Vous allez bientôt mettre un terme au règne symbolique de Putana, avec le concours de votre belle-mère !

Étape 2
NEUTRALISEZ LES ZONES DE CONFLIT
Étape délicate où vous devez vous montrer lisse et respectueuse
(voire fayotte)
Vous savez, ce n'est pas bon de leur mettre trop d'engrais! Le géranium a besoin de souffrir pour s'acclimater.
Ah bon?
Vous avez sûrement raison...
merci du conseil!
ici vous commencez à avoir les cartes en mains
2
IDENTIFIEZ LA MADELEINE DE PROUST DE JULES
avec l'aide de sa mère
Petit, Jules aimait beaucoup quand je lui mettais de la crème solaire...
Surtout sur les fesses!
1995
1991
2006
Et sinon, il aimait quoi?
En cuisine, par exemple...

3 LA RECETTE

Il est absolument crucial
de capter cet héritage :
LA recette de votre belle-mère !

Dimanche 3 : LA FORMATION

CONSEIL POWER

N'hésitez pas à timelapser la belle-doche dans sa cuisine, à son insu. Ça vaudra de l'or. Sinon, un enregistrement audio fera l'affaire.

Lundi suivant : ACHETEZ LE MATÉRIEL À L'IDENTIQUE

Tous les jours suivants (jusqu'à l'obtention du bon résultat) LA QUÊTE DU GRAAL

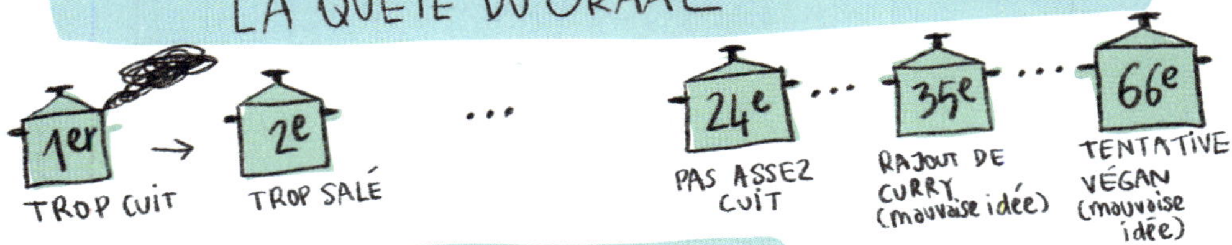

JUSQU'AU JOUR OÙ...

Vous voilà débarrassée DÉFINITIVEMENT de Putana*, l'ex de Jules qui, bien que parfaite, ne savait pas préparer LA blanquette de son enfance.

*Et de toutes les autres... y compris votre belle-mère qui n'y aura vu que du feu !

L'EX BOULET

c'est elle…

Ancienne môme-caca chétive et fragile, Boulette collectionne les tares et les galères depuis le CP. Si personne ne la regrette, surtout pas votre mec, cette ex continue de plomber tout le monde avec ses problèmes de santé, de fric, d'appart, de boulot et de litière à changer… Vous ne l'avez pas vue venir et maintenant Boulette est dans votre vie.

La problématique

Le problème avec Boulette, c'est le caractère invasif de sa personnalité.

Les risques

À force de laisser Boulette prendre toujours plus de place dans votre vie, elle va finir par faire partie des meubles.

Et à la fin...

Le premier réflexe : L'ÉLIMINER

Bien sûr, l'idéal serait de jeter le boulet avec l'eau du bain, s'en débarrasser une bonne fois pour toutes. Et si elle pouvait souffrir un peu, après tout, ce serait bien fait.

Payer des tueurs à gages serbo-croates

L'inscrire à une mission humanitaire sub-saharienne

La faire disparaître

La faire interner en H.P.

L'effet boomerang : LE REMORDS

Tuer ou faire assassiner quelqu'un n'est pas anodin psychiquement.

ÉTAT DES TROUPES

Vos ennemi.e.s

Autour des boulets, on trouve toujours de bonnes âmes pour prendre leur défense. C'est le syndrome de la veuve et de l'opprimé (sauf que là c'est Boulette !). C'est le cas de :

VOTRE MEC

Rongé par la culpabilité.

VOTRE BANQUIER

Qui ne comprend décidément rien à la vraie vie.

LA FAMILLE BOULET

À commencer par les parents de Boulette.

VOS AMIS

Elle les a colonisés, embobinés, manipulés. Elle est devenue amie avec eux sur les réseaux sociaux en leur lâchant des tonnes de likes et de commentaires lèche-culs.

MARC ZUCKERBERG

Grâce à l'invention de ce malade, vos potes sont sous l'emprise virtuelle de Boulette via les réseaux sociaux !

VOTRE SURMOI

Cette morale intérieure qui pèse sur vous…

Heureusement, vous trouverez

Vos allié.e.s

parmi les personnes qui, comme vous, n'en peuvent plus de supporter ce boulet sur pattes.

VOS BEAUX-PARENTS

Qui sont cool et qui ont très mal vécu la réticence de Boulette devant leur passion pour le plein air… pour d'obscures raisons d'hygiène !

SON VOISINAGE IMMÉDIAT

LA PERSONNE RESSOURCE

Le sobriquet dont Boulette affuble son animal de compagnie est le signe de la confusion qui règne dans son cerveau malade et un indice crucial sur la faille sentimentale que vous allez exploiter.

Comme cette cinglée, considérez que Roméo, son chat, est une personne.

C'est même « LA personne-ressource ».

Entrer dans la psychopathologie de Boulette,
c'est se donner les moyens de la toucher au plus intime.
Pour déclencher le processus de rapprochement,
tous les moyens sont bons : en apprivoisant le chat,
c'est Boulette que vous apprenez à neutraliser.

LA FLATTERIE

LE SUR-INTÊRET

LE DON DE SA (VOTRE) PERSONNE

LA RECO DU POWER BOOK

La biologie au service de votre vie de couple.

L'infiniment petit est une source d'inspiration majeure pour gérer des problèmes infiniment grands. Par exemple, la phagocytose, processus biologique par lequel certaines cellules peuvent ingérer des particules étrangères, nous fournit les éléments d'une stratégie possible face à Boulette. Induite par le contact avec la particule cible (Boulette), elle permet de capturer des micro-organismes pathogènes en vue de leur élimination.

LA PHAGOCYTOSE : THÉORIE

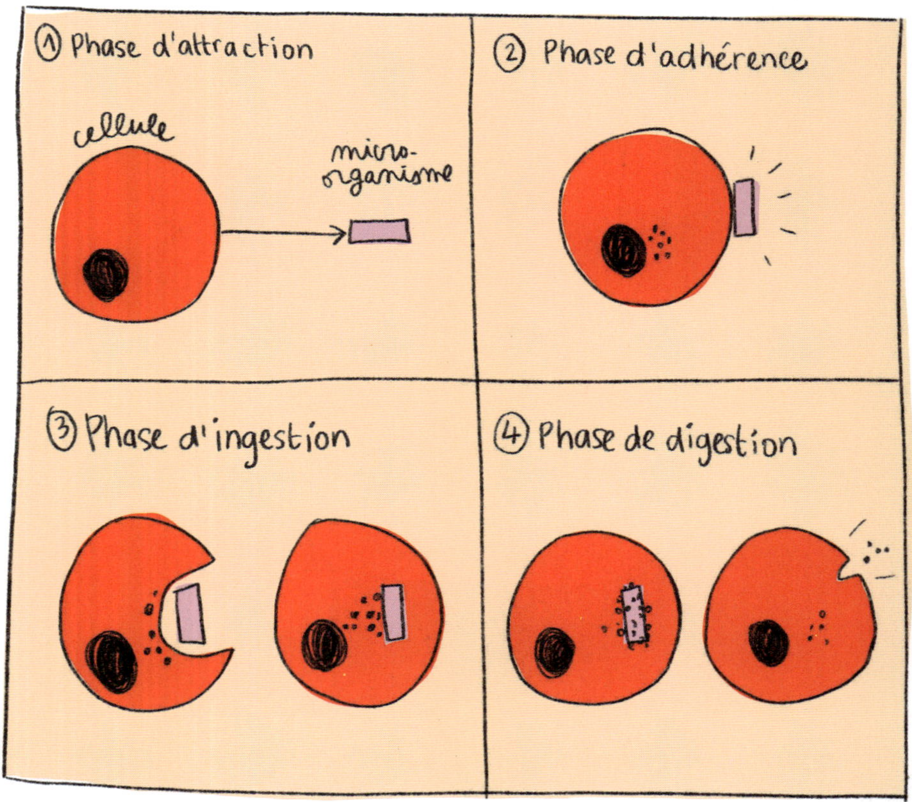

LA PHAGOCYTOSE : PRATIQUE

Pour bien comprendre le schéma ci-dessous, remplaçons simplement les termes savants comme suit :

Cellule principale = Vous
Cellule cible/Agent pathogène = Boulette

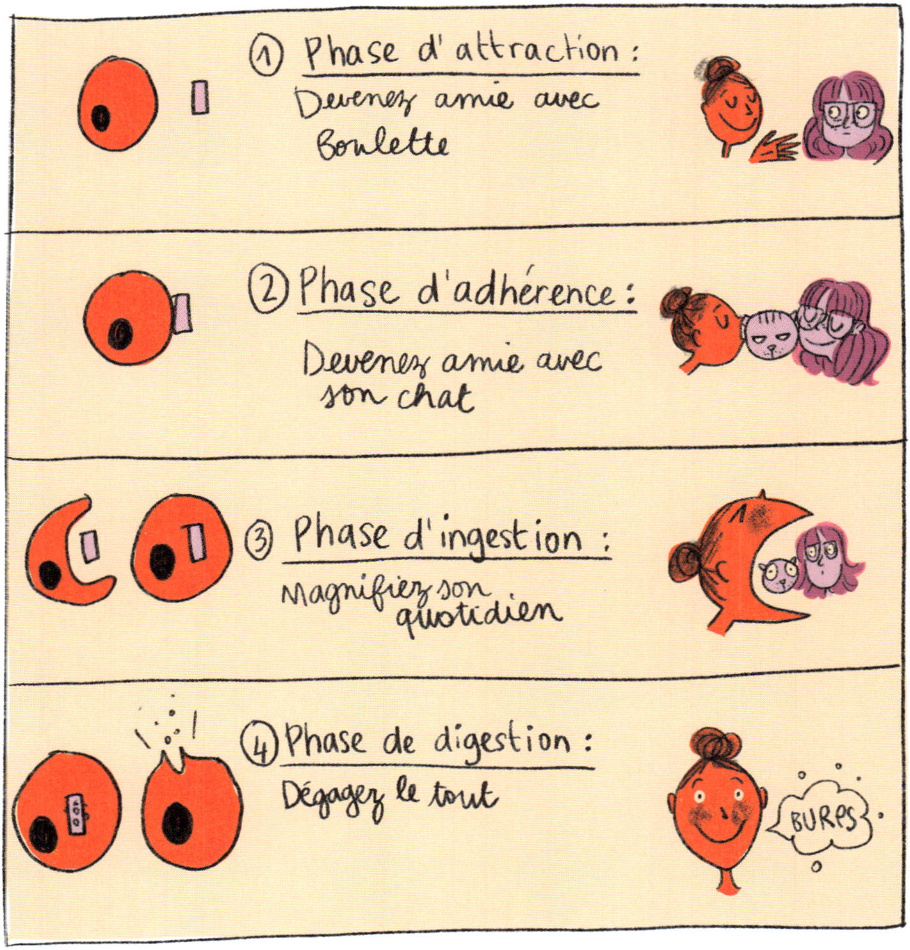

① DEVENEZ AMIE AVEC BOULETTE

Sautez sur la moindre occasion

(Exemples de situations)

Mauvaise réaction

Bonne réaction

Établissez une relation d'amitié

Likez et commentez ses publis (= duplicité)

Faites semblant de l'écouter

Trouvez des privates jokes

② DEVENEZ AMIE AVEC LE CHAT

③ MAGNIFIEZ SON QUOTIDIEN

= en créant un compte Instagram à Roméo

Prises de photos discrètes

Petite intervention Photoshop + création du compte Roméo officiel

Achat de followers

Immersion totale dans le monde d'Instagram

(Attention, risque de période obsessionnelle)

Jules va être mis à rude épreuve

ET JULES DANS TOUT ÇA ?

Après l'avoir relégué au second plan pendant plusieurs semaines, vous allez enfin retrouver votre mec totalement disponible pour vous comme vous l'êtes pour lui. À la moindre embrouille, menacez-le de prendre un chat que vous appellerez Boulette, ça le calmera tout de suite.

④ DÉGAGEZ LE TOUT

en lui offrant le compte Insta de Roméo

Elle déménage → elle engage un garde du corps → qu'elle asservit à l'envi → qui devient son homme à tout faire → puis son amant…

L'EX LÉGITIME

Ex-épouse, ex-belle-fille, ex-belle-sœur, mère des enfants... Elle vous précède en tout, elle est partout : dans les mémoires, les papiers, l'état civil, dans la bouche des enfants, les agendas, les albums photos... et même sur la cheminée des beaux-parents... c'est l'ex légitime, plus couramment appelée Manman.

La problématique

Vous n'en pouvez plus d'être sans cesse comparée à elle, même implicitement. D'autant plus qu'apparemment, Manman est tellement super, qu'elle est première en tout. Impossible de lutter.

Les risques

À force de vous focaliser sur ce que Jules a déjà fait avec Manman…

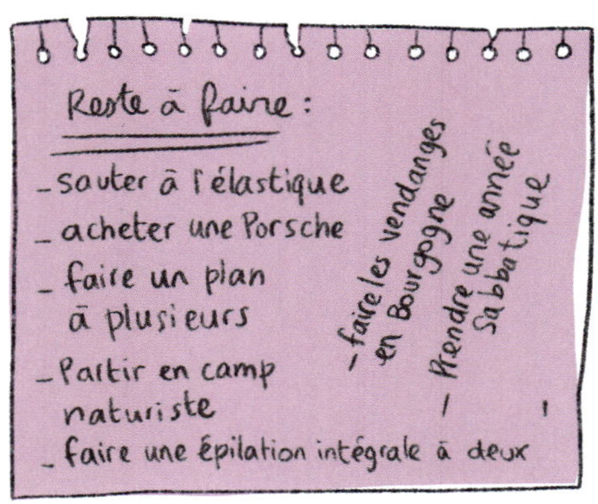

…vous risquez tout simplement de passer à côté de tout ce qu'il n'a pas encore fait avec vous.

Le premier réflexe : LA DÉTRÔNER

Il n'existe pas de version féminine de la formule « devenir calife à la place du calife ». Ce serait pourtant bien utile ici, car c'est exactement ce qu'il ne faut pas faire.

Imaginez un instant une journée dans la peau de Manman :

L'effet boomerang :

Finir comme une vulgaire contrefaçon :
« Il n'est pas souhaitable de devenir la copie d'une personne que l'on n'est pas et de renvoyer une image de soi qui n'est pas soi. Car on risque de trahir ce que l'on est. »

Igor et Grichka Bogdanov
Temps X 1982

ÉTAT DES TROUPES

Vos ennemi.e.s

LES ENFANTS DE JULES

Qui vous traitent comme une baby-sitter.

LEURS DOUDOUS

Qui puent la bave

LA PÉDIATRE
Vous êtes la nouvelle baby-sitter ?
LES MAMANS DE L'ÉCOLE
Vous êtes la nouvelle baby-sitter ?

Vos allié.e.s

Vous pourrez
aussi compter sur

LE (VRAI) BABY-SITTER

Il vous trouve grave cool par rapport à Manman, qui ne tolérait ni piercing, ni retard, ni baskets dans la maison, ni magazine de Métal... Il vous regarde avec des yeux humides de reconnaissance depuis que vous l'avez passé à 7,50 € de l'heure. Vous vous demandez même s'il n'est pas un peu en crush sur vous.

VOTRE PROF DE YOGA

Qui est vraiment un sage...

TOUTES LES TRENTENAIRES COMME VOUS
Le monde est peuplé de sorcières briseuses de couples, qui aiment faire la fête et profiter de la vie comme vous. Plus ou moins jeunes, sans enfants, elles ne prennent plus la pilule, ont un chat ou un hibou, ont un super job... ou pas... Ce sont vos alliées.

TOUS LES MECS DES COUPLES D'AMIS DE LA VIE D'AVANT

Qui se retrouvent chez Jules une fois par mois pour le dîner de potes et qu'il fait secrètement rêver...

Stéphane, qui ne couche plus avec Marion depuis 3 ans et qui rêve d'aller au Moulin Rouge et au Paradis Latin.

Antoine, marié depuis 15 ans avec Sophie, qui n'a jamais osé lui dire que la vie dont il rêvait c'était le sport et la campagne et pas d'un appartement parquet-moulures-cheminée dans le XVIe et de leur vie d'experts comptables.

Seb, qui rêve d'un week-end sans sa femme et ses enfants, avec le stagiaire gay qui le trouve sexy.

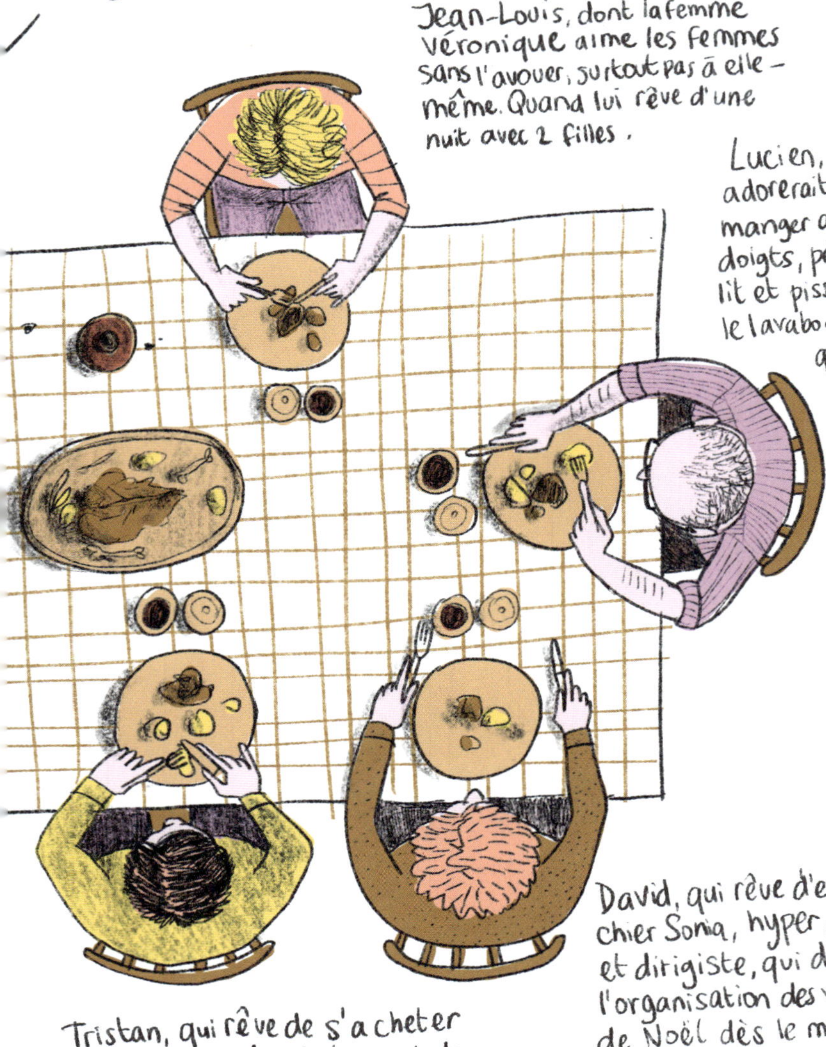

Luc, divorcé, qui s'occupe des enfants et rêve d'une vraie garde alternée...
Jean-Louis, dont la femme Véronique aime les femmes sans l'avouer, surtout pas à elle-même. Quand lui rêve d'une nuit avec 2 filles.
Lucien, qui adorerait pouvoir manger avec ses doigts, péter au lit et pisser dans le lavabo. Bref, qui rêve de célibat.
Tristan, qui rêve de s'acheter une Porsche depuis la mort de Linda pour emballer des blondes à gros seins et les emmener au Casino de Deauville.
David, qui rêve d'envoyer chier Sonia, hyper autoritaire et dirigiste, qui décide de l'organisation des vacances de Noël dès le mois de février et qui a déjà pré-inscrit leurs enfants à Sciences-Po.

LA PERSONNE RESSOURCE

À trop regarder l'incontournable, l'inoubliable Manman, vous oubliez tout simplement que c'est l'ex de Jules et que... sa meuf, sa fiancée, sa chérie, maintenant, c'est VOUS !

Si la vie avec Manman était tellement bien, vous ne seriez pas là aujourd'hui.

Être vous-même ne devrait donc pas poser trop de problème puisque Jules vous a choisie pour tout ce que vous êtes (et tout ce que vous n'êtes pas – haha !). En somme, vous êtes votre meilleure ressource... depuis le début.

LA RECO DU POWER BOOK

Sois toi-même - Be yourself !

**Ce n'est pas à nous de courir après le prince charmant.
C'est à lui de nous garder.
Nous sommes toutes une addition de grandes qualités
et de minuscules défauts.**

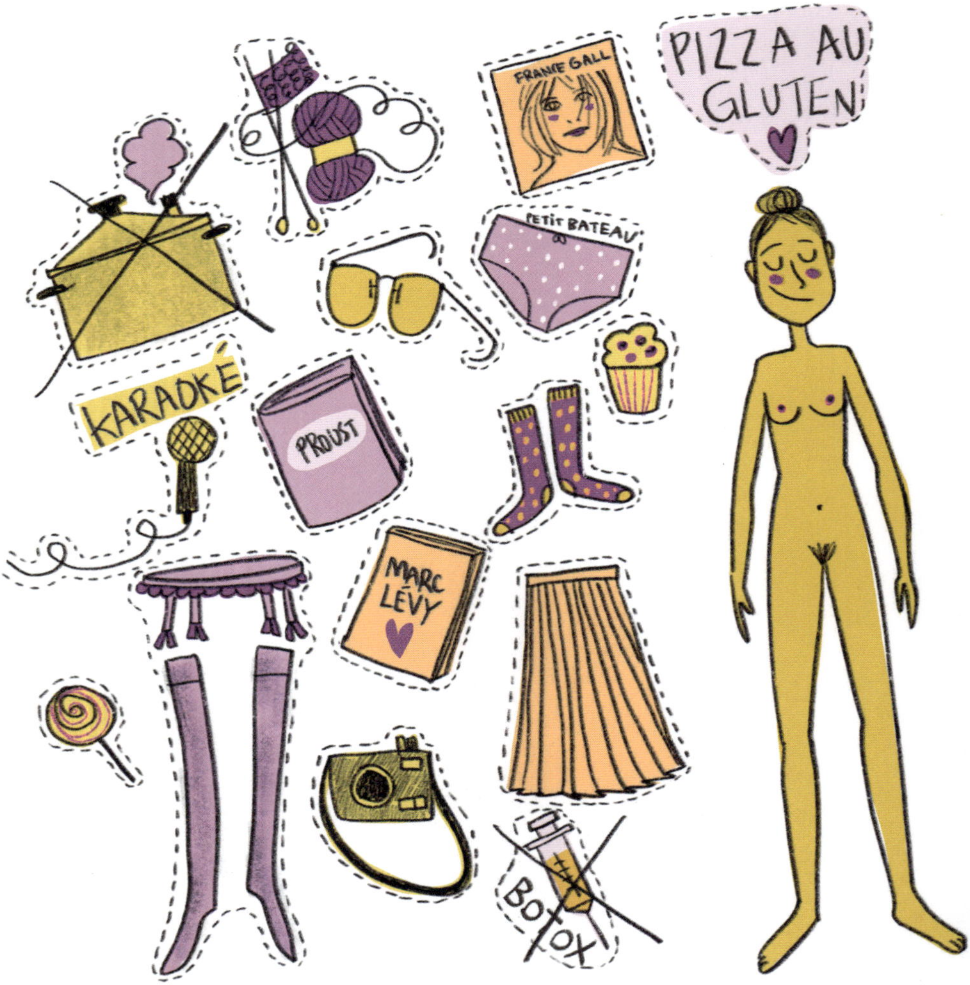

Il est primordial de ne pas se fondre dans des modèles qui nous préexistent mais qui ne sont pas les nôtres : il faut élaborer son propre modèle, être aimée pour ce que l'on est.

Revendiquez votre personnalité

Ce n'est pas parceque vous êtes coiffeuse que vous n'êtes pas spirituelle.

Savourez vos choix de vie

Ce n'est pas parce que vous n'avez pas d'enfants que vous ne vous accomplissez pas en temps que femme.

Cultivez vos passions

Ce n'est pas parce que vous faites du tricot et que vous buvez de la tisane que vous êtes une mémé.

Assumez votre image

Ce n'est pas parce que vous faites de la pole dance que vous êtes une pute.

L'EX HOMME

Il se peut que votre mec ait eu un mec avant vous. Soit parce qu'il était gay (très rare), soit parce qu'il est bi (pas si rare), soit parce qu'il est curieux (trop rare). Il se peut aussi que l'ex soit un mec parce que vous sortez désormais avec une fille, qu'elle soit bi ou lesbienne fraîchement outée. Appelons cet ex « la couille ». Hin hin hin!

La problématique

Dans un cas comme dans l'autre, la situation vous confronte à la question de la différence des sexes et à un territoire mal connu. De là à se cantonner à l'opposition Vénus/Mars, il n'y a qu'un pas que nous éviterons de franchir.

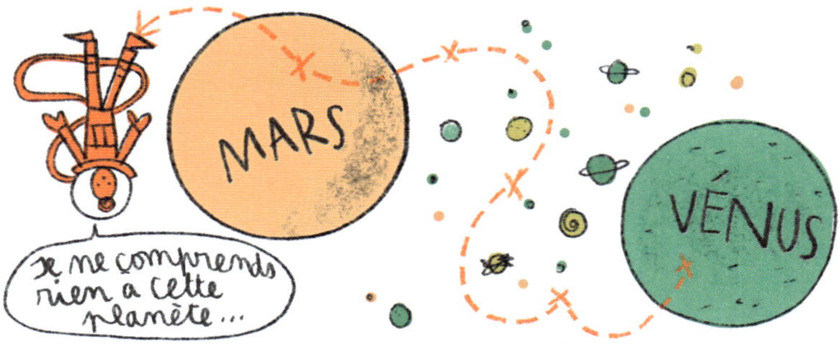

Les risques

À trop considérer le problème sous l'angle du genre, vous allez passer à côté du vrai sujet : il ne s'agit pas de savoir si l'ex est un homme, ni pourquoi on en est là. Il s'agit simplement de s'en débarrasser.

Le premier réflexe : L'AFFRONTER, SUR LE TERRAIN DE LA VIRILITÉ

À LA PAPA :

Trop polluant.

À LA LOYALE :

Trop dangereux.

À LA COW-BOY :

Trop fatigant.

À LA VAS-Y QUE JE TE POUSSE :

Trop casse-gueule.

À LA MORDS-MOI LE-NOEUD :

Plutôt crever !

À CELUI QUI PISSE LE PLUS LOIN :

Pas équitable.

Laissez tomber ces idées À LA CON !

L'effet boomerang : LE FESTIVAL DES CLICHÉS

À force d'alimenter les débats de genre et les clichés, on peut en devenir un soi-même : hétéro réac ou goudou aigrie...

CAS N°1

"La meuf de mon ex est une petite lesbienne anti-mec et un peu hétérophobe."

CAS N°2

"La meuf de mon ex est une petite hétéro conservatrice un peu homophobe..."

ÉTAT DES TROUPES

Attention, pas de confusion. Dans le cas n°1, vous êtes la meuf d'un mec dont l'ex est un mec. Vous êtes donc confrontée à la question de l'homosexualité masculine… de l'extérieur.

Dans le second cas, vous êtes concernée par l'homosexualité féminine de l'intérieur.
L'ex est aussi un mec mais vos alliés et vos ennemis ne sont pas forcément les mêmes personnes.

Vos ennemi.e.s

CAS N°1 : vous sortez avec un mec.

Vos cousins cathos
de Bordeaux.

Votre oncle homophobe
qui pense que vous
avez remis Jules
« dans le droit chemin ».

Votre prof
de yoga tantrique
(No comment).

Votre ex
(remplacé par un homo
forcément… ça pique).

Le pote transformiste
de Jules qui n'aime pas
vraiment les vraies filles.

La sœur de l'ex de Jules,
lesbienne Quechua
qui déteste les hétéros.

CAS N°2 : vous sortez avec une fille

Votre psy qui pense
que vous êtes lesbienne
par effet de mode.

Votre frère aîné qui vous
explique la vie depuis toujours
et se sépare pour la 3e fois.

Votre collègue réac,
lourdingue et misogyne.
Et con !

Votre stagiaire
qui raconte tout et
n'importe quoi.

La voisine chez qui
vous baby-sittiez, et qui
confond homosexualité
et pédophilie.

Vos cousins cathos
de Bordeaux (ah ! Eux...
ils sont vraiment cons).

Vos allié.e.s

CAS N°1 : vous sortez avec un mec.

Votre dentiste gay qui kiffe vos potins.

Votre BFF à qui vous racontez tout.

Votre collègue qui vous avait bien dit que Jules en pinçait pour vous.

Vos parents qui vous adorent.

Votre nièce pro LGBTQI+.

Votre grand-père qui a toujours été avant-gardiste.

Votre meilleur ami, évidemment c'est le meilleur.

Votre sœur qui se marie et qui est rassurée que vous soyez en couple.

Votre cousin de Lyon.

CAS N°2 : vous sortez avec une fille

Vos parents
qui vous adorent.

Zora
votre voisine
trapéziste ET
fantasque.

Votre grand-tante
soixantehuitarde,
MLF et écolo.

Votre maraîcher
qui est amoureux
de vous… et
de votre meuf.

Votre copine
de yoga Radidja
qui comprend tout,
en fait…

Votre gynéco qui
pense que c'est
une super occasion
d'arrêter la pilule.

Votre énergéticienne
qui pense que vous
êtes en pleine
résolution karmique.

Votre ancien
prof de philo
de terminale
(No comment).

Votre voisin
monoparental qui
rend toujours service
(et écoute un peu
aux portes…).

LA PERSONNE RESSOURCE

Gérer une personne qu'on connaît mal et à propos de qui on manque singulièrement de clés de compréhension c'est déjà trop. Ce guide vous propose donc de repartir de l'adage « connais-toi toi-même » et de l'augmenter des récentes « découvertes » relatives à la spécificité du corps féminin, lui-même doté de l'organe ayant le plaisir pour seule vocation.

Cet organe est LA personne-ressource : c'est lui, le clitoris.

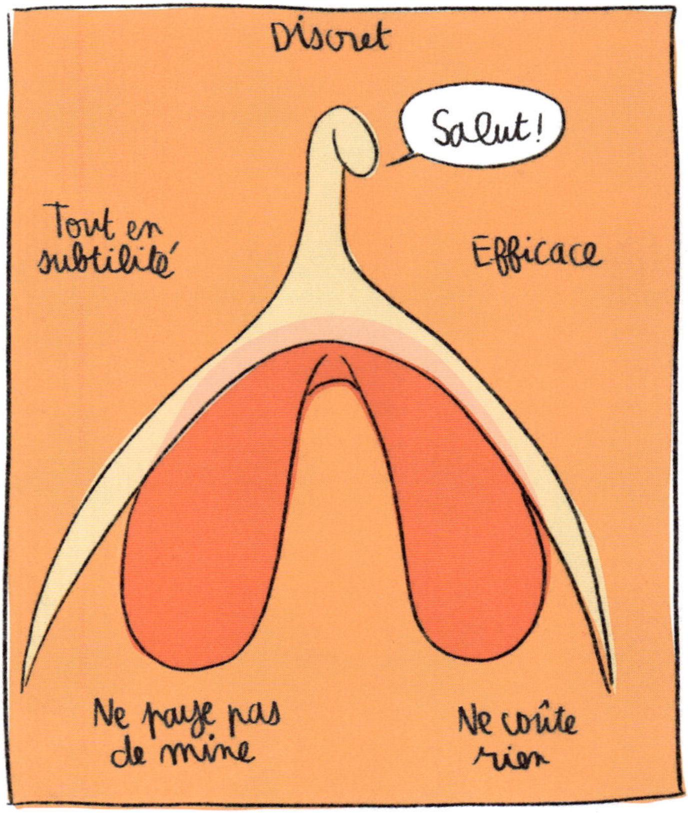

VOTRE CLITORIS (le vôtre et aussi celui de votre meuf)

En effet, ce qui caractérise les femmes, ce n'est pas tellement leur faculté de trouver le beurre dans le frigo, lire une carte routière ou faire plusieurs choses en même temps. L'instinct maternel, l'empathie, la douceur et la fragilité, parler chiffon ou ne jamais faire caca... tout ça, c'est des conneries. Si les femmes ont bien UNE spécificité, c'est de posséder un clitoris... que les hommes n'auront jamais – mouhahahahaha !

LA RECO DU POWER BOOK

Avancer ensemble dans l'écoute, la découverte, la connaissance et le plaisir de l'autre va naturellement reléguer l'EX au second plan.

Cas N°2 : VOUS ÊTES EN COUPLE AVEC UNE FILLE
Elle est bi.
Elle était avec un mec.
Elle en a eu marre de la bite.
Vous êtes sa première histoire ♡ lesbienne.
Le clitoris et le plaisir féminin n'ont plus de secrets pour vous.
BINGO !

TRANSMETTEZ VOTRE SAVOIR

Concentrez-vous sur l'essentiel

Dégager l'ex va être beaucoup plus facile que vous ne pensez !

L'EX DÉCÉDÉE

L'ex de votre mec est décédée.
Sa disparition l'a transformée en icône intouchable.
C'est à peine si vous osez en parler... Alors virer la photo d'elle qui est encore sur la cheminée du salon, même pas en rêve.

Appelons-la « Fantômette ».

La problématique

Rien ne nous prépare à gérer nos relations avec une personne disparue. « Disparue », il faut encore le dire vite ! Car comme le dit le sage : « On n'est jamais aussi présent que dans l'absence ».

Les risques

« Présente dans l'absence »... Quand il s'agit de l'ex de son mec, ça peut vite tourner au cauchemar.

Le premier réflexe : LA CHASSER (= le syndrome Ghostbuster)

Il suffirait sans doute de mettre les photos de la défunte dans une boîte au grenier avec les autres vieilleries. Alors pourquoi chercher des solutions compliquées et moyennement efficaces pour chasser un fantôme ?

ou LA REMPLACER

L'effet boomerang : DISPARAÎTRE À VOTRE TOUR

À trop vouloir vous mesurer à un fantôme vous allez devenir l'ombre de vous-même et disparaître à votre tour...

ÉTAT DES TROUPES

Dans ce cas de figure, la distinction entre vos allié.e.s et vos ennemi.e.s est un travail délicat, tant les rives du Styx sont mouvantes et incertaines...

Ceux qui ne vous aideront pas

Les parents de Fantômette

Leur problème ce n'est pas que vous preniez la place de leur fille. C'est le vide désespérant qu'elle a laissé à cette place.

Les copines de Fantômette

Gardiennes du souvenir de Fantômette, cette bande de filles (sûrement très sympa au demeurant) mettra du temps à distinguer Mémoire des Morts et… Vie qui Continue.

Les enfants

Pour ces enfants pétris de douleur et accablés par l'injustice, la tentation est grande de vous faire payer l'absence de leur mère. Même si vous n'y êtes pour rien.

Quoi leur répondre en cas d'attaque perfide (mais avec le sourire)

- **D'abord t'es pas ma mère, donc t'as pas à me donner des ordres.**
- Et toi tu n'es pas mon enfant... Je n'ai donc pas à m'occuper de toi.

- **Maman était plus cool.**
- Oui. Et maintenant elle est comment ?

- **Maman cuisinait mieux.**
- Ça aussi, elle a arrêté.

- **Je veux ma maman !**
- Alors va la chercher...

- **Maman aurait bien voulu, elle...**
- Eh bien tu n'as qu'à lui demander...

Vos allié.e.s

Les copains de Jules

Soutiens inconditionnels de leur pote dans l'épreuve qu'il a dû affronter, les copains de votre mec vous doivent une fière chandelle : depuis que vous êtes là, Jules semble reprendre goût à la vie. Votre histoire le sort d'un interminable deuil qui plombait la bande depuis des mois...

Votre meilleur ami

Votre énergéticienne

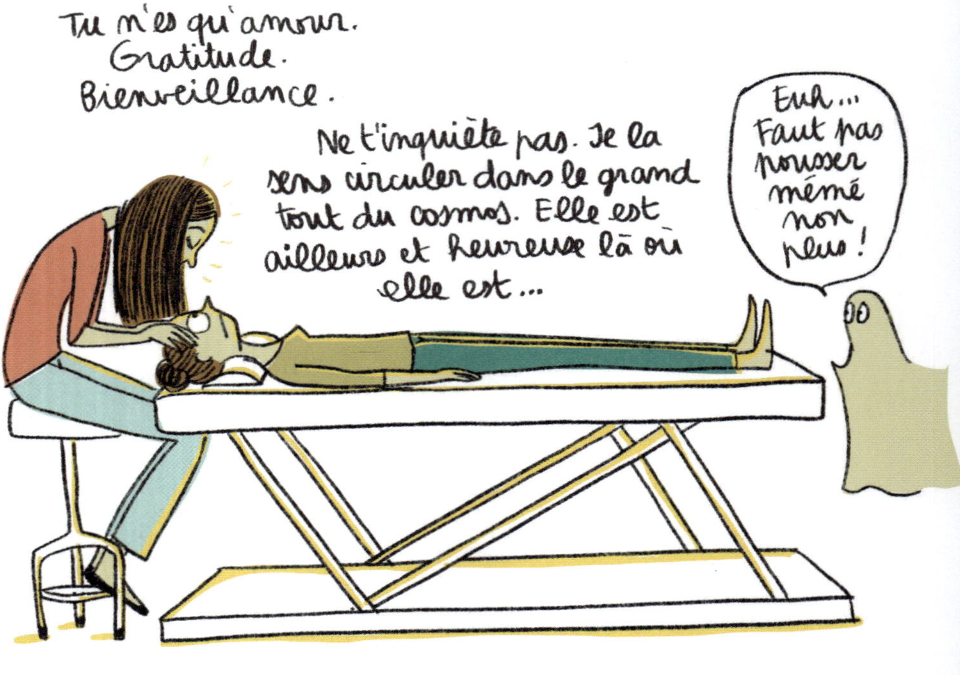

Ça fait pas un peu couple à trois ?
Mais le trouple, c'est l'avenir, ma chérie !
Elle vous dit que vous pouvez lui piquer ses robes. Même si vous avez l'air de faire une taille de plus qu'elle...
Hein !
Ah oui. Elle vous prévient aussi : Jules pisse dans le lavabo.
Mes robes !
Votre voyante

LA PERSONNE RESSOURCE

Au royaume des ombres, le meilleur moyen de s'y retrouver c'est de ne pas se perdre. Et pour cela, il suffit d'un peu de lumière. Cette lumière est en vous. C'est à l'intérieur de vous-même qu'il faut puiser. La morte c'est elle.
Vous, vous êtes bien en vie.
Vous êtes la personne-ressource.

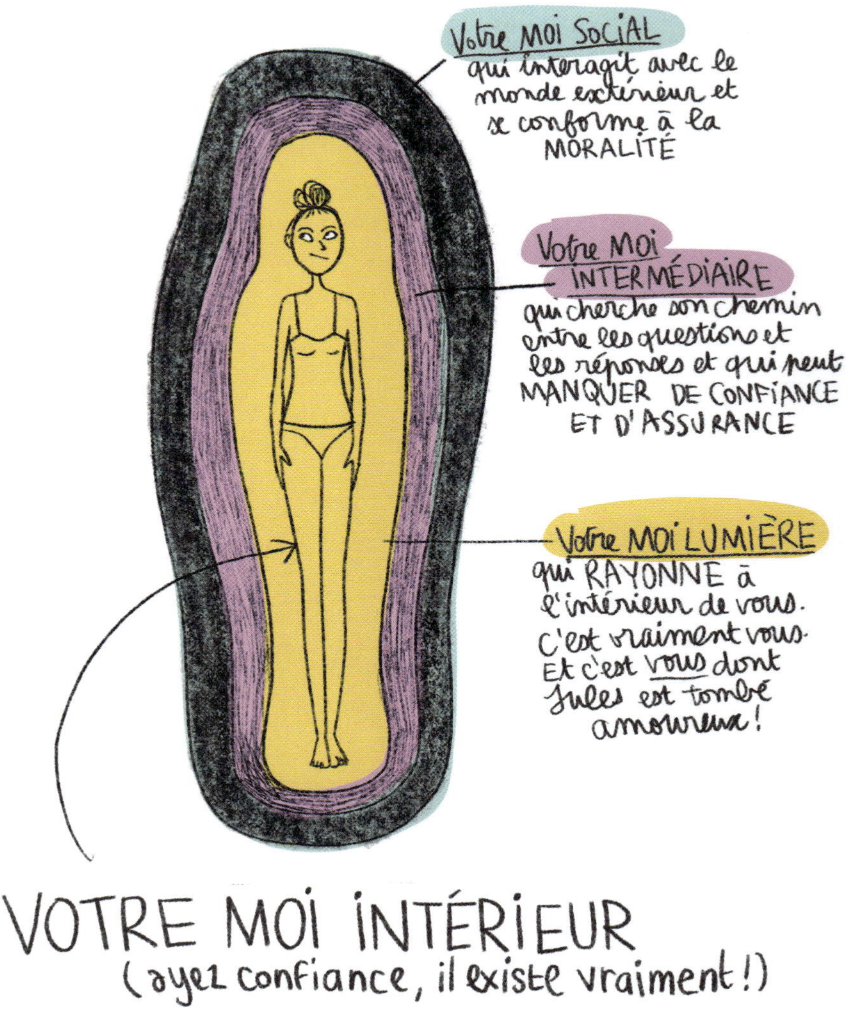

Attention ! Ouvrir, libérer, accéder à son MOI INTÉRIEUR requiert de débarrasser préalablement l'environnement immédiat de tout obstacle potentiel.

LA RECO DU POWER BOOK

Votre situation est une excellente occasion de faire un point perso, ainsi qu'un bilan cosmique, histoire de tout remettre en ordre pour les 5-15-30 prochaines années... Ces quelques conseils vous aideront à gérer l'interaction entre votre MOI LUMIÈRE et l'UNIVERS dans lequel il se trouve.

① CONNAISSEZ-VOUS ET PRENEZ SOIN DE VOUS (Sachez appuyer là où ça fait mal pour vous faire du bien)

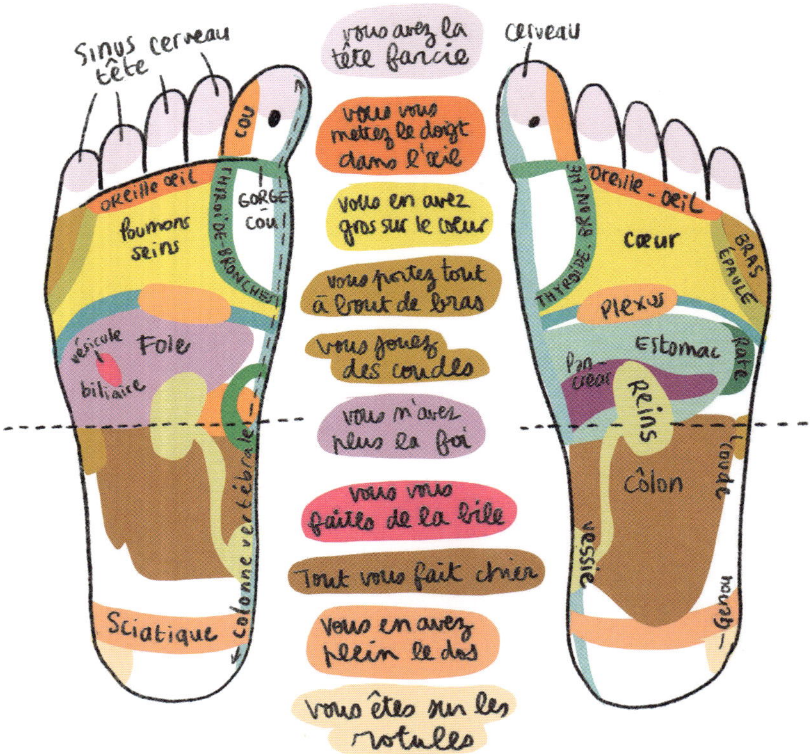

Ne laissez pas l'irréel vous pourrir la vraie vie !

② FAITES LE MÉNAGE DANS VOS IDÉES GRÂCE À LA MÉDITATION

Rapporté à l'échelle globale du Cosmos, l'ex de Jules apparaît comme un bien petit problème ! Comparée aux vraies questions qui s'imposent

et aux réponses que vous devez y apporter pour vous-même et ceux que vous aimez, l'ex de Jules décédée est carrément une contrariété minuscule*...

CONCLUSION :

Vous voilà enfin débarrassée d'un problème universel :
l'ex de Jules.
Il ne nous reste qu'un ultime conseil à vous prodiguer :
n'oubliez jamais qu'
ON EST TOUJOURS L'EX DE QUELQU'UN.

N'hésitez donc pas à relire ce guide pour savoir
ce qui vous pend au nez...

PAPIER À BASE DE FIBRES CERTIFIÉES

MARABOUT
s'engage pour l'environnement en réduisant l'empreinte carbone de ses livres.
Celle de cet exemplaire est de :
0,9 kg éq. CO_2
Rendez-vous sur www.marabout-durable.fr

Imprimé en Espagne par Macrolibros
pour le compte des éditions Marabout
Hachette Livre, 58 Jean Bleuzen, CS 70007, 92178 Vanves Cedex
Dépôt légal : février 2020
ISBN : 978-2-501-14917-4
1040478
édition 01